北京三字经

BEIJING SANZIJING

北京文化少年读本

崔岱远 / 著　　王立军　吕鸿群 / 绘

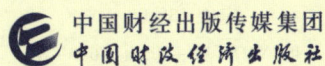

图书在版编目（CIP）数据

北京三字经/崔岱远著；王立军，吕鸿群绘 .—北京：中国财政经济出版社，2019.3

ISBN 978－7－5095－1689－8

Ⅰ．①北… Ⅱ．①崔… ②王… ③吕… Ⅲ．①地方文化－北京－青少年读物 Ⅳ．①G127.1-49

中国版本图书馆 CIP 数据核字（2019）第 042206 号

责任编辑：王芝文　　　　　　装帧设计：王立军　王品懿

中国财政经济出版社出版

URL：http：//www.cfeph.cn

E－mail：cfeph @ cfeph.cn

（版权所有　翻印必究）

社址：北京市海淀区阜成路甲 28 号　邮政编码：100142

营销中心电话：010－88191537

北京汇林印务有限公司印刷　各地新华书店经销

787×1092 毫米　16 开　6 印张　30 000 字

2019 年 3 月第 1 版　2019 年 3 月北京第 1 次印刷

定价：38.00 元

ISBN 978－7－5095－1689－8

（图书出现印装问题，本社负责调换）

本社质量投诉电话：010－88190744

打击盗版举报热线：010－88191661　QQ：2242791300

目　录

引　子　/ 1

第一课　　千年古都源远流长　/ 5

第二课　　壮美故宫金碧辉煌　/ 7

第三课　　秀丽水系穿绕京城　/ 13

第四课　　万里长城不朽脊梁　/ 19

第五课　　苍翠西山藏珍纳宝　/ 23

第六课　　内九外七门通四方　/ 27

第七课　　名胜古迹星罗棋布　/ 33

第八课　　大小胡同通联万户　/ 37

第九课　　四合院里闲适安康　/ 41

第十课　　优良传统世代弘扬　/ 47

第十一课　百里长街贯通东西　/ 51

第十二课　为人处世礼貌规矩　/ 55

第十三课　京腔京韵京味十足　/ 61

第十四课　百年字号代代传承　/ 65

第十五课　人文底蕴深厚宽广　/ 69

第十六课　国际都市文明交融　/ 75

尾　声　/ 79

附　录　《北京三字经》全文 / 83

后　记　/ 89

北京三字经　北京文化少年读本

引 子

三字经，说北京，讲文化，树自信。

北京三字经　北京文化少年读本

北京三字经　北京文化少年读本

北京三字经　北京文化少年读本

 感　悟

第一课

千年古都源远流长

北京城，千年都，幽燕地，沧桑证。

天宁塔，辽代建，莲花池，金时名。

忽必烈，设大都，中轴线，秉忠定。

明成祖，永乐帝，北迁都，顺天府。

承天门，蒯祥营，顺治后，天安门。

左祖宗，右社稷，金水河，蕴光阴。

 解　读

北京建城已有三千年之久，这里曾是远古九州之一的幽州。周武王灭商之后封辅佐他的召公于此地，号称燕国，从此就有了"幽燕"之说。

公元916年，辽代在此建五京之一的南京都城，也就有了"燕京"的叫法。广安门外的天宁寺塔是辽代建的，它是北京城区现存最古老的地上建筑。金代把这里扩建为金中都，莲花池是当时的重要水源，也是现在可以见到的金中都唯一的遗存。元世祖忽必烈营建大都，命大臣刘秉忠规划出一条统率全局的中轴线，历经八百多年一直延续到今天。

明代永乐年间，成祖朱棣从南京迁都至北京，改北平府为顺天府，延着元大都中轴线兴建起新的皇宫和都城，形成了以正阳门、天安门、紫禁城、景山、鼓楼、钟楼等一系列高大建筑串连成的京城龙脉。

皇城的正门原本是永乐年间由建筑工匠蒯祥营造的承天门，寓意着"承天启运、受命于天"，清顺治八年改建后称天安门。天安门的东西两侧依据《周礼》中"左祖右社"的规制建造了太庙和社稷坛，体现了孝敬祖先、敬畏土地和粮食的意思。天安门前的金水河如长虹萦绕，碧水清波里映照着雄伟的城楼，光阴流动中见证了历史的沧桑巨变。

- 看一看天宁寺古塔，逛一逛莲花池公园，寻找一下历史的足迹。
- 从正阳门出发，延着中轴线一路向北，你都看到了哪些建筑？

- 忽必烈设立元大都的时候为什么要改变原来金中都的位置？
- 北京的中轴线并没有和子午线重合，而是偏转了2度角，这是为什么呢？

- 你能用手边的小物件摆放出中轴线上主要建筑的位置关系吗？

第二课

壮美故宫金碧辉煌

紫禁城，设朝廷，须弥座，金瓦顶。

午门外，朝天阙，西日晷，东嘉量。

太和殿，御路通，镇瓦兽，唯十尊。

乾清宫，批奏文，坤宁宫，大婚用。

御花园，连理枝，钦安殿，供真武。

神武门，出故宫，万春亭，景山中。

 解 读

紫禁城是明清两代的皇宫，因此得名故宫。皇帝在紫禁城接受朝见、处理政务，也和他的后妃们生活在这里。紫禁城的正门午门沿袭汉代宫阙规制由三面城台围成广场，主楼面阔九间，重檐黄瓦庑殿顶大气威严，基部是汉白玉须弥座。四方雁翅楼各设阙亭一座，攒尖宝顶金光灿灿。午门广场前西设日晷、东置嘉量，是计时工具和标准量器，更象征了江山永固和国家统一。

跨过午门里蜿蜒的内金水河，从太和门一眼望去，三层宽阔的汉白玉基台正中一条蟠龙御路直通巍峨的太和殿，大殿檐角上一溜镇瓦兽多达十尊，彰显着这座殿宇至高无上的尊严。明清两代皇帝登基大典就是在这里举行的。

太和殿、中和殿、保和殿组成了外朝三大殿。穿

过乾清门进入内廷，乾清宫是皇帝批阅奏章的地方，交泰殿存放着玉玺，坤宁宫是皇帝大婚时的洞房。

御花园凝聚了中式园林艺术之美，松柏翠竹点缀着山石，亭台楼阁错落有致，正中钦安殿里供奉真武大帝，希冀皇宫避免火患。殿前两棵柏树刚好跨过中轴线在半空里合二为一，演绎出连理枝的诗情画意。

出神武门，抬眼就见苍翠的景山，登上最高端的万春亭，回望这片金碧辉煌的宫殿群落，怎能不赞叹中国古代建筑艺术之伟大！

- 故宫太大了，每次参观都会有新的发现。去故宫逛一逛，你又看到哪些原来没见到的景致？

- 据说紫禁城是仿照天宫建造的。在故宫里也有七颗北斗星，你能找到吗？

- 故宫三大殿院子里为什么没有一棵树呢？

- 在太和殿前广场地面上左右各有一行排列整齐的小方砖，呈"八"字形一直延伸到太和门。这是做什么用的呢？

- 动手做一个日晷模型，试着用它测量时间。

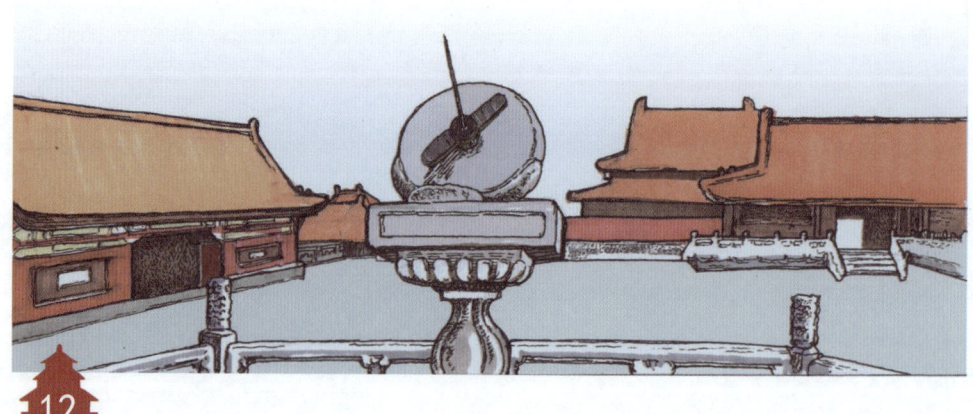

第三课

秀丽水系穿绕京城

后门桥，名万宁，钟鼓楼，听回声。
郭守敬，兴漕运，积水潭，千舟竞。
通惠河，有源头，白浮泉，在昌平。
瓮山泊，注长河，昆明湖，波光粼。
大石桥，十七孔，西堤柳，江南影。
运河水，连潞河，燃灯塔，航标灯。

 解 读

俗话说：北京城是水上漂来的。当初建造北京城的物料，还有京城人吃的米、喝的茶大多是由大运河运来的。大运河与中轴线唯一的交汇点是地安门外的万宁桥，老百姓叫它后门桥。今天站在这座古桥上，仿佛还能听见带着水音的暮鼓晨钟声。

八百多年前，郭守敬引昌平白浮泉水汇聚西山诸泉入瓮山泊，再沿长河流入大都，形成了通向通州的运粮河，江南驶来的漕运船队可以直接停泊进积水潭。那时的万宁桥恰恰是积水潭的入口。忽必烈从上都回大都路过此处，看到千舟竞发的场景，不禁大悦，亲自赐名通惠河。

清乾隆年间开拓瓮山泊而成昆明湖，仿照大运河南端杭州西湖苏堤修建的西堤蜿蜒水上，小桥、古柳倒映湖中，好一派江南水乡般秀丽的风光。对岸的

十七孔桥如一弯长虹横卧于浩渺湖天,波光粼粼宛若仙境。昆明湖就像大运河上的一颗明珠,把西山文化带和运河文化带在京西完美衔接起来。碧水清流涓涓东去,滋养了京城的泥土,穿流而入潞河,再汇入贯通南北的大运河,一直通向江南的杭州。通州城的燃灯塔原本是运河上不熄的灯塔,指引着船队进京的航道。尽管昔日繁忙的漕运已然停息,明明塔影依然垂映于运河,朗朗铃音照旧鸣响在通州的上空。

北京三字经　北京文化少年读本

● 去颐和园看一看昆明湖吧！数一数西堤上有几座桥，它们都叫什么？

● 去通州看看燃灯塔。燃灯塔有七绝，你都能找到吗？

● 为什么说自古无水不建都呢？

● 昌平的白浮泉和京杭大运河有什么关系？

● 你能画出一张京城水系的草图吗？

● 郭守敬在通惠河上设计了多座船闸，解决了漕船逆流而上的难题。你能做一个船闸模型吗？

北京三字经　北京文化少年读本

北京三字经　北京文化少年读本

感　悟

第四课

万里长城不朽脊梁

望巨龙，长万里，北游牧，南农耕。

燕山脉，雄关镇，起春秋，贯古今。

司马台，惊奇险，八达岭，中外名。

慕田峪，双垛口，古北口，两长城。

卧居庸，邻京杭，携津冀，眺沧海。

中华地，撇捺人，刚柔济，汇京城。

 解 读

　　万里长城犹如巨龙蜿蜒起伏于北方的崇山峻岭。历史上长城以北是游牧文明，以南是农耕文明，长城内外的人们密切交往、相互依存，共同推动着中华文明发展进步。绵延起伏的长城见证了周代以来游牧文明和农耕文明的碰撞与交融。

　　燕山山脉上的座座雄关犹如屏障横亘在京北。司马台长城游走于刀锋般的山脊，忽起忽落，时窄时阔，占尽了险、密、奇、巧。四通八达的八达岭长城让"不到长城非好汉"的诗句传播天下，成为世界人民心目中中国的象征。慕田峪长城敌楼林立，独特的两面垛口墙为万里长城上所罕见。古北口长城融北齐长城和明长城于一体，成为山海关、居庸关之间的要塞奇观。树木葱茏的居庸关自古就是京城通往塞北的门户，居庸叠翠在金代就被列入"燕京八景"。长城怀抱里的

北京头枕着居庸关，血脉连着大运河，手携天津、河北，背靠苍山，面朝大海。

长城就像书写在中华大地上刚劲的一撇，运河恰似柔美的一捺，北京正好镶嵌在这两项伟大工程组成的大"人"字的衔接之处，刚柔相济，中华大地之精华尽汇于此。北京文化正是中国东西南北文化的融汇和结晶。

- "不到长城非好汉",你到过北京哪段长城?赶紧去探寻未见的长城吧!

- 假期去秦皇岛看看"入海石城"老龙头,那是明长城的东起点。

- 打开一张中国地图,观察长城的走向,再观察大运河的走向,你发现了什么?

- 长城上的关隘与烽火台有什么不同?

- 长城四季风景皆好。去给长城拍张相片,举办一次长城摄影作品展。

第五课

苍翠西山藏珍纳宝

太行长，西山首，周口店，北京人。

八大处，翠微间，玉峰塔，可远观。

香山秋，黄栌红，有别墅，曰双清。

卧佛寺，樱桃沟，曹雪芹，著红楼。

碧云寺，金刚座，孙中山，衣冠冢。

妙峰山，玫瑰谷，潭柘寺，帝王树。

解 读

巍巍八百里太行是华北大地的脊梁,京西连延的群峰是太行之首的西山。距今四五十万年前生活于此的北京直立人就是在周口店龙骨山点燃了篝火,开启了文明。

西山文脉深厚绵长,数不清的风景名胜、文化遗存如珍宝一般点缀在青山里。

虎头山、青龙山、翠微山三山鼎峙,八座古刹隐藏在苍翠的山林间。灵光寺里宝塔巍峨,供奉着世上仅存的两颗佛牙舍利中的一颗。从隋唐至明清,八大处一直就是西山深处的清凉境。

昆明湖的碧波上倒映着一座亭亭玉立的塔影,那是玉泉山上静明园的玉峰塔,自乾隆时起它就成了西山的标志。

深秋时节,漫山黄栌染红了香山,山麓间双清别墅里毛泽东曾指挥过渡江战役。香山东侧卧佛寺静卧着元代冶铜五十万斤铸就的大佛，沿寺旁山林溪涧溯流而上，樱桃沟水源头那块元宝石曾经启发曹雪芹塑造出《红楼梦》里的主人公贾宝玉。山北的碧云寺可不一般，金刚宝座塔是革命先行者孙中山先生的衣冠冢。

妙峰山是距京城最近的千米高山，登上峰顶，一览众山小，远眺北京城。这里的玫瑰谷盛开着万亩高山玫瑰，几百年来，妙峰山的夏季花香怡人。

有道是"先有潭柘寺，后有北京城"。潭柘寺的古银杏树已经一千三百岁，这棵帝王树眼见着北京走过千年时光。

 看一看

● 香山香炉峰俗称"鬼见愁",登上鬼见愁,俯瞰群山叠翠的如画美景,你的心胸会豁然开朗。

● 西山文化带值得看的景色太多了。比如有条曹雪芹小道,你找得到吗?

 想一想

● 毛泽东在双清别墅写下了著名诗篇《七律·人民解放军占领南京》,其中一句"宜将剩勇追穷寇,不可沽名学霸王"表达了怎么样的思想?

● 樱桃沟里的石渠是做什么用的?

 做一做

● 妙峰山的玫瑰每年六月盛开,如果能去采摘是一件多美的事!如果去不了,在家里用玫瑰酱烤玫瑰饼也能品味到玫瑰的甜香。

第六课
内九外七门通四方

四九城,多庄重,南燕墩,西大钟。

内九门,外七门,皇城四,朱墙红。

正阳门,大前门,宿雨燕,名北京。

东崇文,西宣武,东西直,用不同。

出征时,走安定,凯旋归,进德胜。

阜成门,拉骆驼,朝阳门,仓廪足。

 解 读

古都北京庄重大气，重重城垣勾勒出都市的结构，座座城门吐纳着京师的气韵。永定门外的燕墩曾经是城南的镇物，墩台上的四方碑刻着乾隆皇帝亲笔书写的《皇都篇》和《帝都篇》，堪称两篇充满激情的"北京颂"。城西的镇物永乐大钟重八万四千斤，钟声雄浑悠扬，造型古朴简洁的钟体上铸有世界上字数最多的铭文。

永乐建内城设九门，嘉靖扩外城开七门，朱红色大墙围成的皇城仿照天宫而建，设有四座城门通往民间，这就是所谓"内九外七皇城四"的说法，天子的居所是在皇城中央的紫禁城。

崇文门运酒征收官税，宣武门出殡走囚车，东直门运木材做生意，西直门进出玉泉山拉水的水车。军队征伐出安定门，凯旋进德胜门，阜成门过的是拉煤

的骆驼队，大运河运来的米粮要从朝阳门过，朝阳门内曾经全是米粮仓，直到现在那一带的地名还是以带"仓"字的居多。

每一座城门都曾是这座城市的关纽，每个门洞里都可以感受到这座历史文化名城生生不息的脉搏。

北京三字经　北京文化少年读本

- 北京现在还可以看到几座城门？你去过哪几座？
- 去大钟寺看看永乐大钟吧，体会一下它的不朽神韵。

- 北京雨燕和家燕有什么不同？
- 你学过的哪篇与北京有关的文章里提到过骆驼队？

- 永乐大钟是用泥范法铸造的，你能不能简要地绘制出它的铸造过程。

北京三字经　北京文化少年读本

北京三字经　北京文化少年读本

感　悟

第七课

名胜古迹星罗棋布

祈年殿，在天坛，圜丘圆，回音振。

朝日东，夕月西，地坛方，先农耕。

南池子，普度寺，皇史宬，石头宫。

中南海，紫光阁，会宾客，历风云。

太液秋，琼岛春，团城巧，藏玉瓮。

国子监，太学府，动物园，养万牲。

 ## 解 读

京城的名胜古迹星罗棋布，最具代表性的当属天坛。历史上每年正月天子必到祈年殿行祈谷礼，冬至要登上象征天庭的圜丘祭天。皇穹宇的圆围墙是奇妙的回音壁，三音石上击一掌，可以听到三声清脆的回响。

天南地北，日东月西。天圆地方，斗转星移。皇帝们冬至在天坛祭天，春分到朝日坛祭日，夏至去地坛祭地，秋分来夕月坛祭月亮和星宿。每年开春，天子要率百官在先农坛扶犁开耕。天人合一的理念就这样自然而然融入了生活。

南池子的绿荫里，红墙金瓦和青砖灰瓦相映生辉。青砖高台之上的普度寺囚禁过明英宗，住过清朝的多尔衮。皇史宬的石室与金匮收藏着明清两朝许多的秘密。

中南海紫光阁在清代时表彰过功臣，接见过来使。现在的紫光阁是国家领导人会晤外宾的重要场所。一座楼阁见证了历史的风云变化。

金代的"燕京八景"中北海里占了两处——太液秋波、琼岛春阴。北海边小巧的团城号称是世界上最小的城堡，当年元世祖忽必烈在此大宴群臣的墨玉大瓮至今安好。

走进元、明、清三代的最高学府国子监，你静静地伫立聆听，仿佛辟雍高大的殿宇里依然回响着太学监生们的朗朗读书声。

今天的北京动物园在一百多年前名叫万牲园，也叫三贝子花园。它是中国动物园、植物园和博物馆的发祥地。

- 天坛公园的圜丘是高三层的圆形祭坛，登上圜丘环顾四周，你会有怎样的感觉？

- 去北京动物园看看，数一数你看到了多少种动物，能说出它们的名字吗？

- 美国前国务卿基辛格参观天坛后感慨地说，以美国的实力，完全可以复制几个天坛，但却不能复制出这里的参天古柏。想一想他为什么这么说。

- 东南西北和春夏秋冬存在着必然的联系，你知道吗？

- 古代测定冬至、夏至时间的仪器是圭表，你能不能动手做一个圭表的模型？

第八课

大小胡同通联万户

万松塔,西四南,小胡同,老祖先。

周树人,写祝福,张恨水,说因缘。

钱市窄,灵境宽,江米长,九道弯。

锣鼓巷,南北行,小羊圈,大葫芦。

李铁拐,是斜街,梅兰芳,诞生处。

冰心家,剪子巷,季羡林,东厂住。

 解 读

俗话说,"大胡同三千六,小胡同赛牛毛"。元大都的胡同大部分没留下踪影,唯有写进杂剧《张生煮海》的砖塔胡同连同名字一直保留至今,可以说是小胡同的老祖宗了。鲁迅在这条胡同写下了《中国小说史略》和《祝福》。《啼笑因缘》的作者张恨水在这条胡同住了整整十六年。

北京的胡同千姿百态,最窄的钱市胡同两人对面走要侧身,最宽的灵境胡同早就通了公交车。最长的胡同东交民巷原本叫东江米巷,听得出这里曾是漕运故地,清末才变成了使馆区。曲曲弯弯的九道弯胡同其实有十多道弯,四通八达,好似迷宫。

胡同的走向通常正东正西,但也有个别是南北走向,比如锣鼓巷。胡同的形状多数狭长,但也有中间藏着个小广场的,比如《四世同堂》里的小羊圈胡同

里就藏着两个葫芦肚形状的小广场。有的胡同顺河而建成了斜街，梅兰芳先生就出生在李铁拐斜街。

　　胡同的韵味令太多人魂牵梦绕。冰心先生在文章里把她住过的剪子巷当作永远的家园。季羡林先生曾长年住在东厂胡同和翠花胡同间的一处深宅大院里，多年后他写道："我爱北京的小胡同，北京的小胡同也爱我，我们已经结下了永恒的缘分。"

 看一看

- 你去过哪些条胡同？建议去西四或东四一带的胡同走走，你会看到不一样的风景。

- 胡同里有许多精美的石雕，比如门墩、上马石、石敢当。找到后拍成照片，发给小伙伴看看。

 想一想

- 北京的胡同为什么大多是正南正北的？
- 胡同和街有什么区别？

 做一做

- 过去胡同里住的孩子会玩很多游戏，比如滚铁环、抽陀螺、砍沙包、抓羊拐。同学们可以一起玩一玩。

第九课
四合院里闲适安康

槐花雪，夕阳长，四合院，家安康。
大宅门，东南开，有广亮，有金柱。
如意门，门钹响，清水脊，影壁墙。
门垂花，风摆柳，石榴树，大鱼缸。
庭院深，守财猫，鸽哨鸣，枣树壮。
顺四时，听雨雪，夏三伏，冬数九。

 解 读

胡同里最常见的树是槐树。槐花盛开之时,长长的夕阳会把婆娑的花影映落在胡同两侧四合院的墙上,院子里的空气中流动着沁人的花香。

四合院居住着胡同里的住家户,路北的院落院门必开在东南角,如果是倒座,院门就要开在西北角。明清时院门的规制代表着等级,广亮大门门洞深阔,四个一排的门簪下宽敞的大门可以进出车马,这一定是达官显贵的宅院。金柱大门略浅略窄,但一排门簪也是四个。如意门里住的是百姓人家,两头翘起的清水脊门楼下一对门簪上刻着"如意"二字。敲敲铸铁门钹,院主人凭轻重缓急就能大致判断出来人的身份。

院门里迎面是影壁墙,往左一拐进了窄长的前院。标准的四合院会有二道门将里外院分开,二道门通常是精巧的垂花门,前檐下左右垂柱雕画出风摆柳的七

彩旋，象征着二十四节气的一年轮替。垂花门里豁然一片方正的小天地，石榴树上叶绿花红，青瓦缸里金鱼游弋。

大四合院可以有三四进深，房屋之间会用游廊连接。四合院里人们喜欢养猫，不仅为抓老鼠，还为取个守财的寓意。坐在高高的大枣树下，听着高天上悠扬的鸽哨声，感受寒来暑往，顺应四时变换，过着朴素和谐的日子，这就是四合院里的惬意生活。

- 北京有许多四合院可以参观，比如史家胡同博物馆是一座标准的四合院，建议去看看。

- 垂花门是四合院里最精美的建筑，除了风摆柳还有很多种样式，你能找到吗？

- 四合院的街门为什么不开在中间，而是路北的院落开在东南角，如果是倒座要开在西北角？

- 四合院里种树有哪些规矩？

- 你能不能做出个四合院的模型来？

北京三字经　北京文化少年读本

北京三字经　北京文化少年读本

感　悟

第十课

优良传统世代弘扬

浏阳馆，谭嗣同，戊戌年，肝胆留。

老北大，新文化，红楼里，五四起。

毛泽东，探救国，李大钊，居文华。

陶然亭，冰雪谊，石评梅，高君宇。

卢沟桥，七月七，佟麟阁，赵登禹。

四九年，十月一，新中国，从此立。

 解 读

北京是一座有着光荣传统的古城。被誉为"中国为国流血第一士"的谭嗣同就生在北京。当年他曾在半截胡同浏阳会馆谋划变法图强,也是在那里他决心以身殉国,戊戌变法失败后慷慨就义,为后人树立了一座不朽的丰碑。

1915年,北京大学陈独秀、李大钊、鲁迅、胡适等人倡导新文化运动,提倡民主、科学,反对专制、迷信。1919年5月4日,北大红楼又成了五四爱国运动的策源地。

毛泽东第一次来北京住在豆腐池胡同。他到北京大学图书馆工作时认识了李大钊,第一次接触到马克思主义。文华胡同是为了纪念这里曾经的住户李大钊而改名的。当年李大钊在这条胡同和邓中夏、高君宇等人探索拯救中国的道路,研究、传播马克思主义。

陶然亭公园的中央岛上安葬着革命先驱高君宇和他的恋人才女石评梅，他们的"冰雪友谊"至今依然被人们传颂。

1937年7月7日，宛平城外爆发了震惊中外的"卢沟桥事变"，国民革命军第二十九军奋起抗日，从此中华民族进入全面抗战。当你走过佟麟阁路、赵登禹路的时候是否会想起这两位为国捐躯的抗日名将？是否会想起那些保卫过北京的无数英烈们？

1949年10月1日，毛泽东主席在天安门升起了第一面五星红旗，宣布中华人民共和国中央人民政府正式成立。中国人从此站立起来了。从那时起，北京确立为中华人民共和国的首都。

- 北大红楼现在是北京新文化运动纪念馆,去参观一下吧。
- 去宛平城看一看,七七事变的弹坑今天还在。

- 戊戌变法失败后,谭嗣同本是有机会离开北京的,他为什么没有走?
- 宛平城和卢沟桥是什么位置关系,为什么这样建?

- 北京有句歇后语:"卢沟桥的狮子——数不清",你可以去数一数,到底有多少?

第十一课
百里长街贯通东西

长安街,长百里,通通州,跨永定。

八里桥,铭国耻,八宝山,烈士陵。

广场阔,华灯明,纪念碑,巍然耸。

大会堂,江山娇,千秋史,夕霞映。

观象台,天文用,北京站,神州行。

民族宫,讲团结,首博新,军博红。

 ## 解 读

天安门前贯通东西的长安街被誉为"神州第一街"。曾经的"十里长街"如今已经延伸为"百里长街",西跨永定河,东通通州区。

长安街的道路历史铺就。东端的八里桥铭记着第二次鸦片战争中国军队惨败于英法侵略军的国耻。西段的八宝山革命烈士公墓安眠着许多革命先辈和英烈。

世界上最壮丽的城市广场——天安门广场位于长安街南边正中央,抬眼向南望去,巍峨耸立的人民英雄纪念碑上"人民英雄永垂不朽"八个金色的大字熠熠生辉。广场西侧人民大会堂的迎宾大厅里悬挂着巨幅国画《江山如此多娇》,画面上近景是绿水青山,远景是冰雪皑皑的北国风光,长城、黄河贯穿其间,一轮红日喷薄而出升腾于云海之间。观者无不心潮涌

动，为之震撼。夕阳西下，金色晚霞映照着广场东侧庄严肃穆的国家博物馆，令人思绪逸飞，仿佛历史的足音在耳边回响。

建国门旁的古观象台已经有六百多年的历史了，古人曾在这里用浑天仪与星空对话。北京火车站建成于1959年国庆前夕，四面八方的旅客川流不息已有半个多世纪，同时建成的民族文化宫坐落在西单，与之遥相呼应，碧瓦银楼屹立崔嵬，象征着中华五十六个民族携手同心、团结进步。新建的首都博物馆蕴藏着古都的历史与文化。中国人民革命军事博物馆展示着人民军队的红色历程。

北京三字经　北京文化少年读本

- 走进人民大会堂，看看万人大礼堂，数数有多少个厅，当然要亲眼看看傅抱石和关山月两位老艺术家绘制的巨幅国画《江山如此多娇》。

- 在北京生活怎能不去看看首都博物馆呢？那里收藏着北京的历史、北京的文化、北京的风俗。

- 天安门广场有哪些特点？
- 长安街为什么习惯上又叫"十里长街"？

- 你能亲手做一个长安街上的建筑模型吗？

第十二课

为人处世礼貌规矩

朱自清，写北平，实在好，大深闲。
规矩人，体面事，包容心，重友善。
论大小，长者先，宾主序，不传闲。
托您福，话在理，礼数周，特局气。
碰头好，尊称您，进门言，出门语。
也自尊，也敬人，找乐呵，守本分。

 ## 解 读

北京曾经叫过北平。朱自清在《北平实在是意想中中国唯一的好地方》里写道:"北平第一好在大。从宫殿到住宅的院子,到槐树柳树下的道路。北平第二好在深。我们都知道北平书多。但是书以外,好东西还多着……北平的深,在最近的将来,是还不可测的。北平第三好在闲。北平的一切总有一种悠然不迫的味儿。北平真正的闲人其实也很少,但大家骨子里总有些闲味儿。"这三点勾勒了北京社会文化的独特面貌。

生活在古都的北京人做事守规矩,办事讲体面,待人有包容心,朋友之间注重友善。在家里长辈为大,晚辈为小。晚辈对长辈要礼让,吃饭、就座、走路时要先让着长辈。来了客人要讲宾主有序。无论是自家人还是外人,都不要在别人背后传闲话。

北京的礼貌用语非常讲究，比如听到别人赞扬要回"托您福"，接受别人教诲要说"您的话在理"。待人接物要考虑礼数周全，守规矩，讲道理，透着局气。熟人或半熟人见面要致意，或打招呼或点头，这叫碰头好。对年长者说话要尊称"您"。在家出门前和回来后要和家里人言语一声，让家人有个精神准备。

自尊自重，同时也尊重别人；热爱生活擅长找乐，同时又安分守己。这就是北京人的脾气秉性。

北京三字经　北京文化少年读本

- 京味儿文学体现了北京特有的精气神。找一些京味儿文学作品读一读，体会一下什么是京味儿。

- 看一看电视剧《四世同堂》，体会一下老舍作品里展现的北京风俗。

- 京味儿就是北京人独特的神韵风采，你觉得什么是京味儿呢？
- 你喜欢的京味儿文学作品是哪一部？

- 去拜访几位老北京人，了解一下老北京人的生活，写一篇小短文。

北京三字经　北京文化少年读本

北京三字经　北京文化少年读本

感 悟

第十三课
京腔京韵京味十足

说京腔，带京韵，北京话，特受听。

儿化音，俏皮劲，京味浓，会聊天。

大栅栏，早点起，东便门，看老家。

喝豆汁，吃早点，豌豆黄，驴打滚。

皇城根，一溜门，小小子，坐门墩。

去天桥，说相声，逛厂甸，听京戏。

 解 读

京腔京韵动听悦耳，北京语言生动幽默，清纯的北京话让人听着舒服，用北京话讲叫作"受听"。北京话有很多特点，其中之一是常用儿化音，听起来透着俏皮劲儿。用浓浓的京味儿语言聊天儿是充满风趣的语言艺术。

儿化音不是可有可无，更不能随便添加，有的约定俗成，有的有特定含义。比如著名的商业街大栅栏的读法，在侯宝林先生的相声里就专门讲过多次。再比如"早点起"的第二个字要读儿化音，但"吃早点"是不能加儿化音的。北京的城门只有东便门、西便门、广渠门要用儿化音读，其他门不可以。"老家"一词如果不带儿化音则代表故乡，带了儿化音意思是家长，含义完全不同。

儿化音一般表示小、表示巧。北京小吃里很多要

在词尾带儿化音，比如豆汁、豌豆黄、驴打滚。北京童谣里有许多儿化音的经典用法。像"皇城根儿，一溜门儿，门口站着个小妞子儿，有个意思儿"。再比如"小小子儿，坐门墩儿，哭着嚷着要媳妇儿"。

"去天桥，说相声，逛厂甸"是北京特有的生活方式，念起来带儿化音才透着有京味儿。但"听京戏"是不带儿化音的。

北京话已经成为北京文化的重要组成部分，只有多听多练，仔细琢磨才能准确使用。

 看一看

- 看一看人艺的京味儿话剧,比如《茶馆》《龙须沟》《天下第一楼》,体会一下北京话。

- 到现场看一场相声表演,和看电视里的相声感觉是不一样的。

 想一想

- 北京话和普通话是一回事吗?试举几个例子。

- 京戏里的念白为什么很多不是北京话?

 做一做

- 排练一段相声,说给同学们听。

第十四课
百年字号代代传承

老字号，重手艺，求品位，靠实诚。

同仁堂，老药铺，瑞蚨祥，绸缎庄。

全聚德，挂烤鸭，东来顺，涮羊肉。

张一元，喝花茶，六必居，酱菜多。

荣宝斋，木版印，琉璃厂，翰墨香。

内联生，足下宝，景泰蓝，嵌珐琅。

 解 读

很多北京百年老店形成了独特的经营文化。看重信誉、推崇手艺、追求品位、讲求实诚让这些老字号代代相传。

同仁堂三百多年来一贯恪守"炮制虽繁必不敢省人工,品味虽贵必不敢减物力"的古训。很多人听过"身穿瑞蚨祥"这句老话,却未必知道瑞蚨祥缝制出了第一面五星红旗。

来北京怎能不尝尝北京菜?全聚德挂炉烤鸭已经成为中国饮食文化的品牌,招待各国元首,笑迎四海宾朋。清真老字号东来顺涮羊肉以一菜成席闻名于世。

京城少不了深受百姓喜爱的茶叶庄,张一元沁人心脾的茉莉花茶融入几代北京人的生活。酱菜园子六必居相传已经有六百多年了,品种繁多、酱香浓郁的小菜一直点缀着京城人家的餐桌。

京城的老字号怎能少了文化气息？荣宝斋收藏有历代名家真迹，其木版水印复制工艺是国家级非物质文化遗产。琉璃厂从清代起就是北京著名的文化街，这里的古旧书肆能淘到绝版好书，还能邂逅文化名人。

"脚踩内联升"曾让北京人觉得体面，今天的千层底布鞋仍然是足下之宝。宫廷艺术景泰蓝的大号叫"铜胎掐丝珐琅"，古朴典雅，精美华贵，不愧为最具北京特色的国宝"京"粹。

- 去大栅栏逛一逛同仁堂、瑞蚨祥、内联升等老字号,体会一下那里的商业文化气息。

- 到琉璃厂去参观一下荣宝斋和中国书店,感受一下浓厚的书香文化。

- 能够传承上百年的老字号有什么独到之处?
- 你喜欢哪些北京老字号?

- 体验一下景泰蓝的制作。

第十五课
人文底蕴深厚宽广

首善区，五方处，底蕴深，文脉广。

孔庙前，除奸柏，府学左，文丞相。

重教育，大学堂，燕园续，清华彰。

查字典，印书馆，学院路，满书香。

看话剧，找人艺，大剧院，歌声扬。

写北京，舒舍予，林海音，城南忆。

# 解 读

首善之区的北京自古五方杂处，汇聚全国各地的精英于此，底蕴深厚，文脉深广。

孔庙里的进士碑林铭刻着元、明、清五万多名进士的功名。大成殿前的除奸柏曾打落嚣张跋扈的奸臣严嵩的乌纱帽。顺天府学是传统文化的活教材，七百年书声至今绵延不断。毗邻古老校园左侧的文天祥祠正是当年关押这位丹心照汗青的政治家的囚牢。

京城历来注重教育。北京大学的前身是戊戌维新硕果仅存的京师大学堂，1952年迁到燕园。北大有着悠久的爱国主义传统，一直肩负着传承中华优秀文化的责任。始建于1911年的清华大学秉承中西融汇、古今贯通、文理渗透的学风，"自强不息，厚德载物"的校训激励着一代又一代的莘莘学子。

京城生活浸透浓郁的艺术气息。曹禺、老舍、焦

菊隐等老一辈文化巨擘精心培育出的北京人民艺术剧院排演的精彩话剧场场爆满。中国表演艺术的最高殿堂——国家大剧院里拥有世界上最大的穹顶、亚洲最大的管风琴，金碧辉煌的歌剧院里不断上演着一部部世界名剧。

王府井大街的商务印书馆是中国文化的圣地，中国的小学生几乎都使用过这里出版的《新华字典》。学院路汇聚着国内众多著名高校，立志成才的青年学子穿梭其间。

写北京的大作家真不少。首先是生于斯长于斯的老舍先生，也包括童年随父母迁居京城，把童年写进了《城南旧事》的林海音先生。

北京三字经　北京文化少年读本

- 去首都剧场看一场人艺的话剧吧,会产生与看电影和看电视截然不同的感受。

- 参观一下北京孔庙,看一看在进士碑林中能不能找到于谦、袁崇焕、林则徐和沈钧儒的名字。

- 为什么北京大学和商务印书馆被誉为中国近代文化的双子星?

- 是什么原因使得北京市人民政府授予老舍先生"人民艺术家"的称号?

- 排演话剧《龙须沟》里的一个片段。

北京三字经　北京文化少年读本

北京三字经　北京文化少年读本

 感　悟

第十六课
国际都市文明交融

新北京，智慧城，创业街，科技园。
重创造，推创新，中关村，见变迁。
７９８，新艺术，ＣＢＤ，谈商务。
水立方，学游泳，鸟巢雄，奥森健。
副中心，蓝绿织，新机场，在大兴。
国际化，大都市，南北达，东西融。

 ## 解 读

蓬勃发展的创新文化使北京青春常驻,注重创造、推崇创新让千年古都成为一座现代新城,一座智慧新城。

中关村的变迁见证了北京改革开放以来的飞速发展。从电子一条街到国家自主创新示范区,如今的中关村科技园被誉为"中国硅谷"。中关村创业大街更是开创了我国创新创业主题特色街区的先河。

创新创业不仅体现在科技,同样体现在艺术,体现在商务。798艺术区是都市文化的新地标,北京商务中心区象征着时尚最前沿,聚集众多跨国公司总部的CBD融文化创意产业和高端商务服务业于一体,代表中国,影响世界。

2008年奥运会让北京成为永恒的奥运之城。主游泳馆水立方已经成为市民们游泳戏水的乐园。鸟巢的

钢骨银架永远张扬着体育的雄浑与激昂。奥林匹克森林公园把北京的中轴线延伸成通向自然的轴线,在山、水、树、路与花草之间融入了天行健、人尚和的理念。

北京的时空格局不断展现新颜。通州运河之滨的北京城市副中心蓝绿交织、水城共融,很快就会是和谐宜居之地。作为超大型国际航空枢纽的新机场落户大兴,使北京能够更加真切地感受世界的脉搏。

北京,一座充满活力的国际化大都市,南通北达,东西融汇,不同的文明时时刻刻在这里相遇和交融。

- 去798艺术区参观吧,体验一下时尚艺术的氛围。
- 参观一下鸟巢和水立方,感受一下奥运精神。

- 想一想,为什么要建北京城市副中心?
- 中关村在创业创新方面有哪些优势?

- 在傍晚时分去探秘奥林匹克森林公园的昆虫王国,在路边、水边、林中,一起寻找昆虫的踪迹。

尾 声

爱北京,讲文明,增光彩,民丰盛。

人康健,家喜庆,童博学,翁福寿。

也勤俭,也廉让,业长青,中国强。

国学兴,百代传,文言志,颂光明。

北京三字经　北京文化少年读本

● 尾声是对北京的祝福，同时包含了十多条北京胡同的名字，你能找到吗？

北京三字经　北京文化少年读本

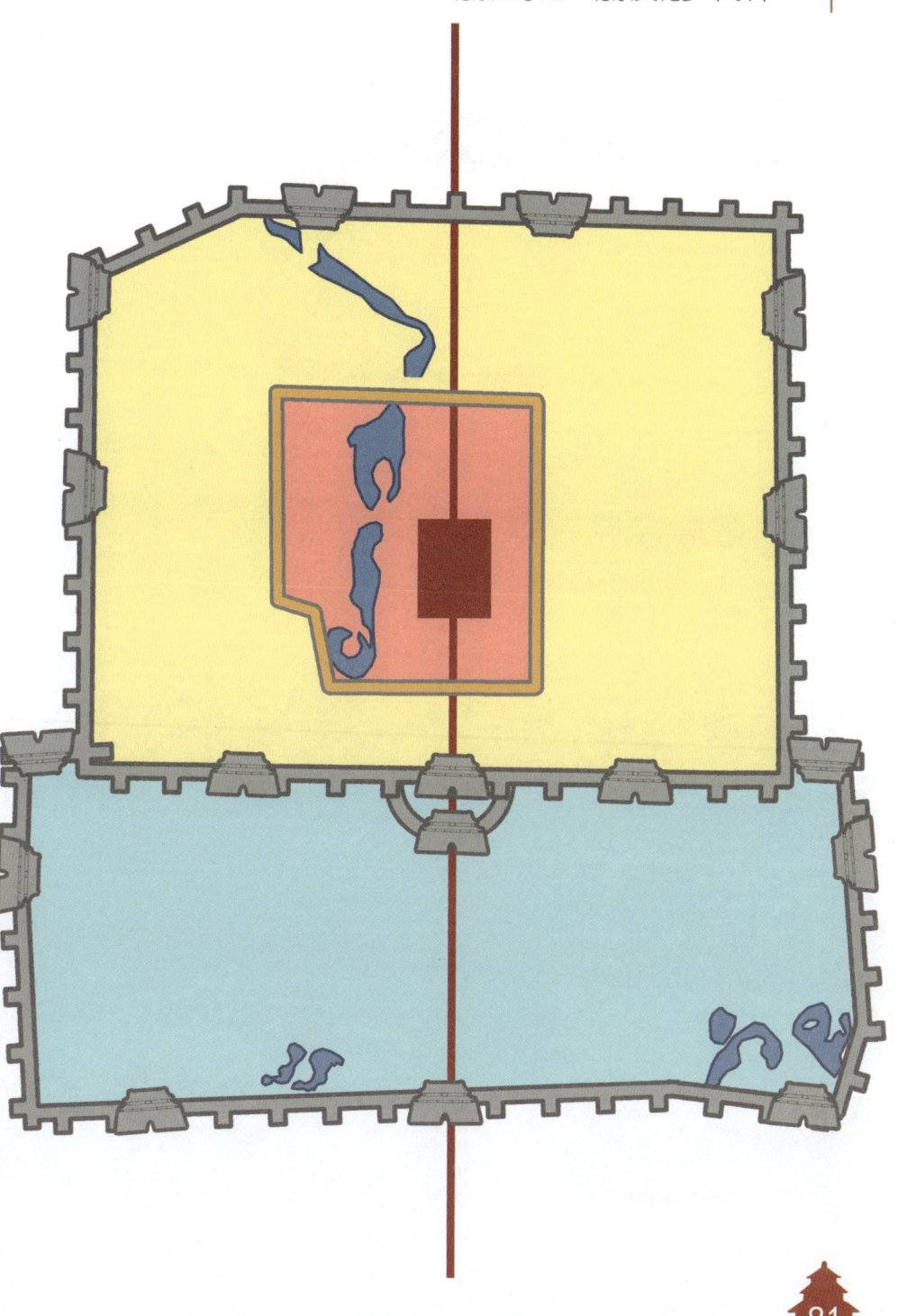

附 录 《北京三字经》全文

1. 三字经，说北京，讲文化，树自信。

2. 北京城，千年都，幽燕地，沧桑证。
3. 天宁塔，辽代建，莲花池，金时名。
4. 忽必烈，设大都，中轴线，秉忠定。
5. 明成祖，永乐帝，北迁都，顺天府。
6. 承天门，蒯祥营，顺治后，天安门。
7. 左祖宗，右社稷，金水河，蕴光阴。

8. 紫禁城，设朝廷，须弥座，金瓦顶。
9. 午门外，朝天阙，西日晷，东嘉量。
10. 太和殿，御路通，镇瓦兽，唯十尊。
11. 乾清宫，批奏文，坤宁宫，大婚用。
12. 御花园，连理枝，钦安殿，供真武。
13. 神武门，出故宫，万春亭，景山中。

14. 后门桥，名万宁，钟鼓楼，听回声。
15. 郭守敬，兴漕运，积水潭，千舟竞。

16. 通惠河，有源头，白浮泉，在昌平。
17. 瓮山泊，注长河，昆明湖，波光粼。
18. 大石桥，十七孔，西堤柳，江南影。
19. 运河水，连潞河，燃灯塔，航标灯。

20. 望巨龙，长万里，北游牧，南农耕。
21. 燕山脉，雄关镇，起春秋，贯古今。
22. 司马台，惊奇险，八达岭，中外名。
23. 慕田峪，双垛口，古北口，两长城。
24. 卧居庸，邻京杭，携津冀，眺沧海。
25. 中华地，撒捺人，刚柔济，汇京城。

26. 太行长，西山首，周口店，北京人。
27. 八大处，翠微间，玉峰塔，可远观。
28. 香山秋，黄栌红，有别墅，曰双清。
29. 卧佛寺，樱桃沟，曹雪芹，著红楼。
30. 碧云寺，金刚座，孙中山，衣冠冢。
31. 妙峰山，玫瑰谷，潭柘寺，帝王树。

32. 四九城，多庄重，南燕墩，西大钟。

33. 内九门，外七门，皇城四，朱墙红。
34. 正阳门，大前门，宿雨燕，名北京。
35. 东崇文，西宣武，东西直，用不同。
36. 出征时，走安定，凯旋归，进德胜。
37. 阜成门，拉骆驼，朝阳门，仓廪足。

38. 祈年殿，在天坛，圜丘圆，回音振。
39. 朝日东，夕月西，地坛方，先农耕。
40. 南池子，普度寺，皇史宬，石头宫。
41. 中南海，紫光阁，会宾客，历风云。
42. 太液秋，琼岛春，团城巧，藏玉瓮。
43. 国子监，太学府，动物园，养万牲。

44. 万松塔，西四南，小胡同，老祖先。
45. 周树人，写祝福，张恨水，说因缘。
46. 钱市窄，灵境宽，江米长，九道弯。
47. 锣鼓巷，南北行，小羊圈，大葫芦。
48. 李铁拐，是斜街，梅兰芳，诞生处。
49. 冰心家，剪子巷，季羡林，东厂住。

50. 槐花雪，夕阳长，四合院，家安康。

51. 大宅门，东南开，有广亮，有金柱。

52. 如意门，门钹响，清水脊，影壁墙。

53. 门垂花，风摆柳，石榴树，大鱼缸。

54. 庭院深，守财猫，鸽哨鸣，枣树壮。

55. 顺四时，听雨雪，夏三伏，冬数九。

56. 浏阳馆，谭嗣同，戊戌年，肝胆留。

57. 老北大，新文化，红楼里，五四起。

58. 毛泽东，探救国，李大钊，居文华。

59. 陶然亭，冰雪谊，石评梅，高君宇。

60. 卢沟桥，七月七，佟麟阁，赵登禹。

61. 四九年，十月一，新中国，从此立。

62. 长安街，长百里，通通州，跨永定。

63. 八里桥，铭国耻，八宝山，烈士陵。

64. 广场阔，华灯明，纪念碑，巍然耸。

65. 大会堂，江山娇，千秋史，夕霞映。

66. 观象台，天文用，北京站，神州行。

67. 民族宫，讲团结，首博新，军博红。

68. 朱自清，写北平，实在好，大深闲。

69. 规矩人，体面事，包容心，重友善。

70. 论大小，长者先，宾主序，不传闲。

71. 托您福，话在理，礼数周，特局气。

72. 碰头好，尊称您，进门言，出门语。

73. 也自尊，也敬人，找乐呵，守本分。

74. 说京腔，带京韵，北京话，特受听。

75. 儿化音，俏皮劲，京味浓，会聊天。

76. 大栅栏，早点起，东便门，看老家。

77. 喝豆汁，吃早点，豌豆黄，驴打滚。

78. 皇城根，一溜门，小小子，坐门墩。

79. 去天桥，说相声，逛厂甸，听京戏。

80. 老字号，重手艺，求品位，靠实诚。

81. 同仁堂，老药铺，瑞蚨祥，绸缎庄。

82. 全聚德，挂烤鸭，东来顺，涮羊肉。

83. 张一元，喝花茶，六必居，酱菜多。

84. 荣宝斋，木版印，琉璃厂，翰墨香。

85. 内联升，足下宝，景泰蓝，嵌珐琅。

86. 首善区,五方处,底蕴深,文脉广。
87. 孔庙前,除奸柏,府学左,文丞相。
88. 重教育,大学堂,燕园续,清华彰。
89. 查字典,印书馆,学院路,满书香。
90. 看话剧,找人艺,大剧院,歌声扬。
91. 写北京,舒舍予,林海音,城南忆。

92. 新北京,智慧城,创业街,科技园。
93. 重创造,推创新,中关村,见变迁。
94. ７９８,新艺术,ＣＢＤ,谈商务。
95. 水立方,学游泳,鸟巢雄,奥森健。
96. 副中心,蓝绿织,新机场,在大兴。
97. 国际化,大都市,南北达,东西融。

98. 爱北京,讲文明,增光彩,民丰盛。
99. 人康健,家喜庆,童博学,翁福寿。
100. 也勤俭,也廉让,业长青,中国强。
101. 国学兴,百代传,文言志,颂光明。

后　　记

在应邀给小学生和初中生讲解北京文化的过程中，我萌生了创作《北京三字经》的想法，三字一句，合辙押韵，通俗顺口，便于记忆。我发现传统启蒙读物《三字经》的形式依然具有强大的生命力。同时，我试图赋予这种形式以崭新的内容——体现北京文化的独特神韵，感触千年古都的血脉根基，展示首善之区的不朽魅力，引导青少年朋友深刻理解弘扬和发展首都文化是北京建设全国文化中心的核心要义。

《北京三字经》涵盖了古都文化、红色文化、京味儿文化和创新文化四个方面的基本内容，贯穿了北京中轴线、大运河文化带、长城文化带、西山文化带的诸多亮点，介绍了北京的风土人情，是一本关于北京文化的通俗读物。希望小读者们通过这本书更生动地感受北京文化的魅力，坚定文化自信，为"扣好人生的第一粒扣子"提供丰富的文化滋养。

崔岱远

作者简介

崔岱远

作家,文化学者,第十四届北京国际图书节北京读书形象大使,第七届书香中国·北京阅读季金牌阅读推广人,出版有《京味儿》《京味儿食足》《京范儿》等富有北京文化特色的作品。

王立军

漫画家,出版人,动漫活动策展人;中国美协漫画艺委会秘书长,中国关心下一代工作委员会专家委员。曾任人民美术出版社《儿童漫画》杂志主编、中国出版集团数字传媒公司总监等职。策划组织"中国绘本展""张乐平绘本奖""中国原创绘本200"等大型展览和赛事活动。

吕鸿群

中国美协会员、国家二级美术师,漫画家、美术教育家,现为中国美术出版总社《儿童漫画》杂志的专栏编辑。肖像漫画在第九届全国美展获银奖,漫画作品多次入选国家级美术大展等。出版有《长长的小花蛇》等十几本著作,为中国儿童读物绘制八千余幅插图。

机构简介

北京中小学校阅读联盟

北京中小学校阅读联盟成立于 2016 年 10 月，是北京市新闻出版局、北京市教育委员会、共青团北京市委员会联合指导下的校园阅读组织，是书香中国·北京阅读季搭建青少年阅读平台的重要载体。联盟由北京中小学校自愿发起，以学校为单位作为团体会员加入，旨在提高全市中小学生的阅读水平、切实推进全民阅读工作、推动北京市教育公平化、提升学生综合素质和能力。成立以来，联盟在连接学校、出版社、阅读推广人等方面充分发挥了纽带桥梁作用。随着成员校不断增加，2018 年北京市中小学校阅读联盟承接了书香中国·北京阅读季五项青少年比赛活动，包括阅读创新大赛、青少年经典诵读比赛、青少年作文征集大赛、科技阅读大赛、阅读课程征集大赛，赛事以阅读为载体，积极培育和践行社会主义核心价值观，提升青少年阅读素养。